W0327546

MARILYN

MARILYN

Photos Ed Feingersh
Texte Bob LaBrasca

NATHAN IMAGE

© 1990, Éditions Nathan, Paris, France.

Vous pouvez toujours réchauffer les bribes d'anecdotes qui traînent sur la vie de Marilyn, dévorer des yeux ses photos, vous pouvez encore vous abandonner à ses courbes suggestives, son regard immense, ses lèvres humides et son souffle qui anticipe le plaisir... Vous pouvez aussi tenter de sonder la psychologie d'une nation de consommateurs, adolescente et inconsciente, théoriser le besoin qu'a éprouvé la société capitaliste d'après-guerre de se créer une stérile déesse de la volupté... Plus d'un quart de siècle après sa mort, l'énigme demeure insondable. Pourquoi a-t-elle gardé jusqu'à aujourd'hui un tel pouvoir de fascination sur nous? Son effigie est partout présente, aux cimaises des musées, sur les murs des villes, sur les tasses à café, dans les albums de souvenirs, au dos des cartes à jouer, et nous ne savons vraiment pas pourquoi nous ne pouvons détacher les yeux de son image. Pour le comprendre, il nous faudrait en apprendre beaucoup plus sur nous-mêmes que nous ne sommes disposés à le faire. Descendre au plus profond de nos désirs ambigus et de notre attente du sexe et de la femme, réelle ou mythique, tout en sachant pertinemment qu'au fil du temps ce que nous nous efforçons d'appréhender subit d'infimes et perpétuels changements.

Secrètement, en ce lieu de l'âme le plus inconstant, des forces incessantes se déchaînent. Alors, il peut paraître étrange, un peu triste aussi, de retrouver la fragile Marilyn dans l'œil du cyclone de ces forces psycho-sexuelles, elle qui n'était sûrement guère mieux armée que la plupart d'entre nous pour tenir le rôle qui lui fut dévolu, même si elle s'était tellement battue pour l'obtenir.
On présente souvent Marilyn comme une victime: Norma Jean Mortensen, née à Los Angeles dans une famille d'ouvriers, père à l'identité incertaine, mère malade mentale, inceste probable; ballottée d'orphelinat en famille adoptive, en passant par un tuteur abusif, et pour clore le tout un mariage arrangé alors qu'elle avait

tout juste seize ans. Pas besoin d'être psychologue pour reconnaître là le terrain propice à l'éclosion de désirs fébriles, d'une frustration perpétuelle, d'une soif d'amour impossible à étancher. Cependant, il y a des milliers de familles brisées et il n'existe qu'une Marilyn. Pour l'essentiel, elle est pourtant restée maîtresse de sa vie, contrairement à la plupart d'entre nous.

Depuis le jour où, en 1944, le photographe d'un magazine de l'armée l'a remarquée dans une usine d'aviation et lui a proposé de travailler comme modèle, elle a entrepris d'atteindre le sommet. S'est-elle prostituée? Sans doute pas, même si elle l'affirmait à quelques amis (soutenant le contraire à d'autres). Elle n'a certainement pas eu toutes les histoires d'amour qu'elle et ses nombreux amants — réels ou supposés — le prétendent. Mais elle a serré dans ses bras plus d'un homme célèbre. Ils aidèrent à la propulser au firmament des stars où elle brille dès 1954 avec le titre d'« actrice la plus célèbre » d'Hollywood.

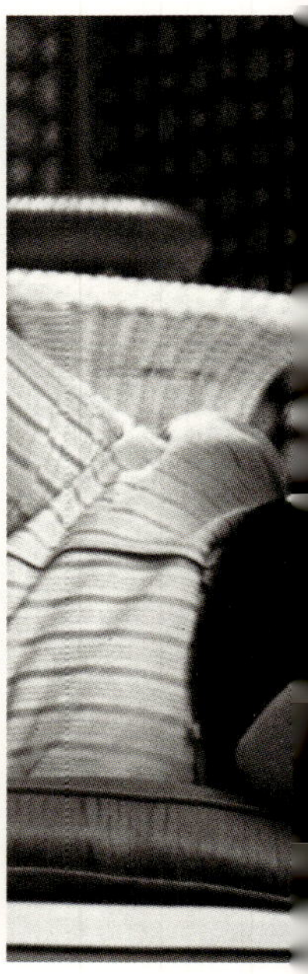

Très vite, elle s'était attachée des journalistes en vue (souvent bien utiles). Elle avait des atouts incontestables, pas uniquement physiques (les agences de casting regorgent de filles plutôt bien faites). Quelque chose rayonnait d'elle comme un éclat d'enfance, un charme qui séduisait son entourage et jusqu'aux spectateurs... Elle en usait d'ailleurs finement, avec sagacité.

Mais même au faîte de la gloire, l'inquiétude la ronge. Lorsqu'elle signe un contrat avec la Twentieth Century Fox, Marilyn considère qu'elle est mal payée et ne se sent pas estimée à sa juste valeur. A vrai dire, le « sex-symbol » des années 50 n'a pas le choix. La femme la plus désirée de la planète doute d'elle-même et s'évertue à se « surpasser ». Elle lit — du moins on l'a vue feuilleter des livres d'Emerson, Whitman, Poe, Proust, Wolfe, Joyce. Elle recherche la compagnie d'hommes plus âgés, d'intellectuels, qui pourraient lui apprendre la vie, alors qu'à l'écran elle joue constamment des rôles de poupée aguichante qui lui vont comme un gant.

Son ascension vers les hauteurs stratosphériques de la culture populaire culmine en 1954, année de son mariage avec Joltin Joe

Di Maggio, le héros incontesté de l'Amérique ouvrière masculine, un homme dont la légende figurera au Panthéon de la gloire mais sera immortalisée par la littérature et la chanson populaires. L'Amérique se frotte les yeux devant un tel conte de fées: la petite orpheline, l'ouvrière aux joues rondes qui souriait à la «une» des magazines, la plus américaine des «sex-symbols» du cinéma, s'unissant au fils d'un pêcheur, du genre robuste et respirant la santé, devenu le roi du base-ball. On ne mariait pas deux individus, mais deux divinités nationales.
Et leur destin s'accomplit: Marilyn, exhibitionniste obstinée, femme-enfant libertine, se rebelle contre l'instinct de possession de Joe, contre sa jalousie vieux jeu. Ils s'étaient mariés à la mi-janvier. Au mois de septembre à New York, pendant le tournage de *Sept ans de réflexion,* leur combat douloureux atteint son seuil critique après cette scène à jamais fixée dans nos mémoires. Celle où Marilyn debout sur une grille du métro, sa jupe voletant autour d'elle, montre ses jambes et ses dessous au monde entier, tandis que dans les coulisses Joe l'observe, la rage au cœur. S'ensuit une mise au point explosive. Marilyn le quitte et obtient le divorce fin octobre.

L'histoire ne s'arrête pas là. Le 5 novembre, Di Maggio, son comparse Frank Sinatra et une paire de détectives privés incompétents exécutent le sinistre raid dit «de la mauvaise porte», une «descente» dans un appartement de Waring Avenue à Hollywood. Ils s'attendent à trouver Marilyn dans le lit de son amant, mais ne réussissent qu'à terroriser l'occupant des lieux, tandis que l'écho de ce sordide remue-ménage résonne aux oreilles de Marilyn et de l'homme chez qui elle s'est réfugiée, à l'étage au-dessus.
Ce fut une période troublée et éprouvante pour Marilyn. Deux jours après le raid, elle entre à l'hôpital, conduite par Joe en personne, pour une «intervention gynécologique». S'agit-il d'un avortement ou d'une opération de l'endométriose dont elle souffre? On l'ignore, mais c'est certainement une rude épreuve alors que sa relation moribonde avec Di Maggio s'épuise sans s'éteindre tout à fait.

Fin 1954, profondément atteinte par les déchirements de sa vie privée, et de surcroît matraquée par le concert de sarcasmes qui accueillent sa prestation dans *There's no business like show business,* elle quitte Los Angeles pour la campagne du Connecticut, en compagnie de celui qui va devenir son confident et impresario, le photographe Milton Greene. Ils se sont rencontrés un an et demi auparavant, à l'occasion d'un reportage pour *Look.* Il prête spontanément une oreille attentive et amicale à ses plaintes concernant ses déboires financiers et artistiques, et veut la photographier d'une façon plus naturelle, sans les mises en scène habituelles. Greene rêvait de produire des films indépendants et respectables. A tour de rôle, ils s'apitoient sur leurs ambitions déçues. Ensemble, ils forment le projet d'imposer Marilyn comme une véritable actrice.

Les mois qui suivent s'écoulent dans une paisible retraite : la mai-

son de campagne de Greene et de sa femme Amy, à Weston, dans le Connecticut. Les biographes notent qu'elle participe aux tâches ménagères, s'occupe de Josh, le jeune fils, et consacre du temps à la lecture. Ils ajoutent que l'arrivée du printemps en Nouvelle-Angleterre l'enivre de plaisir. En janvier, Milton Greene et elle annoncent qu'ils s'associent au sein de « Marilyn Monroe Productions » pour produire des films indépendants. Films qui devaient permettre à Marilyn d'échapper au carcan

des studios et aux rôles de femme-objet, poursuivant ainsi une carrière décente conforme à son talent. La Twentieth Century Fox répétait à qui voulait l'entendre que Miss Monroe était sous contrat pour trois ans encore. Marilyn faisait la sourde oreille.

Sa vie est alors rythmée par des séjours périodiques à New York où elle commence une psychanalyse et rencontre le maître à penser de toute une génération d'acteurs, Lee Strasberg, de l'Actors Studio. D'instinct, Strasberg lui fait confiance ; il croit à son talent et donne à Marilyn des leçons particulières pour la préparer aux cours qu'il anime. Pendant ces mois de printemps, elle est toujours chaleureusement accueillie chez les Greene ; Milton s'occupe de ses affaires et de son avenir ; Amy, qui travaille alors

comme mannequin de haute couture, veille sur sa garde-robe et joue le rôle d'une grande sœur bienveillante – bien qu'elle soit de cinq ans sa cadette.
Ce sont des jours tranquilles où la pulsion hystérique et narcissique qui avait fait d'elle le corps le plus convoité du monde cède la place à des aspirations plus profondes: découvrir les dimensions de son être intérieur, gagner le respect de la profession, progresser dans son travail et, peut-être, trouver l'âme sœur. Hollywood grinçait des dents. *Variety* se demandait si Darryl F. Zanuck, directeur de la Twentieth Century Fox, trouverait, à son retour d'Europe, un moyen de la faire rentrer dans le rang.
Marilyn passe la dernière semaine de mars à New York; c'est pendant ces quelques jours que les photos de cet ouvrage ont été prises. Deux apparitions publiques ponctuent cette semaine: l'une à l'occasion de la première de la pièce de Tennessee Williams *La Chatte sur un toit brûlant* – Marilyn y assiste avec les Greene, le 24 mars –, l'autre pour un gala de bienfaisance du cirque Barnum, organisé par le nabab du show-business Mike Todd, au Madison Square Garden, le 30 mars – Marilyn devait y faire son entrée montée sur un éléphant rose.

Toute la semaine, elle est suivie pas à pas par Ed Feingersh, photographe d'une agence new-yorkaise travaillant pour le compte du magazine *Redbook*. Feingersh n'a pas laissé une œuvre immortelle en tant que photoreporter, mais il possédait un réel talent et se montra inspiré à la fois par son sujet et par la proximité exceptionnelle de celui-ci. Nul doute que son portfolio ait été vu et approuvé par Milton Greene, lui-même photographe de renom et responsable désormais de l'image publique de Marilyn. Autoriser Feingersh à la suivre de près et à la photographier à l'improviste, c'était prendre le pari que la beauté qui le fascinait chez Marilyn s'imposerait sans l'artifice du maquillage, les retouches des habilleuses et les éclairages flatteurs. Grâce à la sensibilité «décapante» de Feingersh, Greene escomptait rendre à Marilyn une présence humaine qui lui avait été refusée jusque-là.
Quelque-unes de ces photos sont parues dans une double page de

Redbook en juillet 1955 sous le titre « La Marilyn Monroe que vous n'avez jamais vue ». Plus tard, ces mêmes tirages, ainsi que les clichés non sélectionnés, les négatifs et les planches-contact, furent regroupés. Ils échouèrent dans un entrepôt de New York où on les laissa moisir jusqu'au moment où, fin 1987, l'archiviste Michael Ochs les acheta en même temps qu'un lot important de documents jamais inventoriés.

Les milliers de photos prises antérieurement montraient non la personne, mais le « produit » Marilyn, concocté par les publicitaires et les hommes d'affaires d'Hollywood dans le seul souci de se remplir les poches et d'entretenir la poule aux œufs d'or. Humaniser Marilyn aurait été dénoncer la mystification et la féerie qui constituaient leur fonds de commerce.

Les pages suivantes nous montrent une autre Marilyn, une femme qui a rompu un mariage tumultueux, qui s'est extirpée du

maelström hollywoodien et se trouve à l'aube d'une vie nouvelle et pleine d'espoir. Greene était sensible à la mystique du « glamour », mais il en mesurait aussi les pièges.

C'est ainsi qu'une série de clichés nous la montrent dans le métro, à Grand Central Station. Ici, Marilyn pose : à cette époque, elle ne prenait évidemment jamais les transports en commun — elle était bien trop facilement repérable pour cela. Mais le message était clair : « Marilyn Monroe est une actrice qui lutte pour s'en sortir, une travailleuse, ni plus ni moins. »

La plupart des photos sont réellement prises sur le vif : maquillage et pomponnage de dernière minute avant la première de *La Chatte sur un toit brûlant;* au restaurant, après le spectacle, Milton Berle lui chatouille l'oreille (Marilyn l'avait rencontré sur le plateau de *La Reine du music-hall,* en 1949; il s'est d'ailleurs vanté d'avoir eu une liaison avec elle à l'époque). Feingersh la mitraille dans l'intimité de sa chambre d'hôtel, sur un toit et assise à une table du restaurant Costello.

L'œil de Feingersh trouve une occasion à sa mesure lors d'une séance d'habillage chez Brooks Costume, avant le gala de cirque. (D'après un biographe, elle éclate en sanglots tandis qu'on plante des épingles et qu'on la tiraille de toutes parts). Milton Greene resta à ses côtés pour la rassurer et donner son accord final – on le voit au premier plan à droite sur l'une des photos levant les yeux vers Marilyn, dont le reflet est renvoyé par un miroir derrière lui. James Stroock, l'homme aux cheveux blancs, propriétaire du magasin de costumes, supervise la séance, assisté de sa meilleure habilleuse, Mary Smith. L'homme mince aux cheveux bruns, présent pendant l'habillage, et que l'on voit en plusieurs autres occasions au côté de Marilyn, est Dick Shepherd. Alors simple agent au département cinéma de MCA à New York, il sera plus tard directeur dans plusieurs studios et producteur de nombreux films à succès; il est aujourd'hui propriétaire-associé de l'Artists Agency. Shepherd se souvient que la mission de MCA était de « se démener pour la sortir de la prison dorée où la Fox l'enfermait. Ils s'imaginaient qu'ils pouvaient la contraindre

à ne pas travailler». Marilyn, raconte-t-il, était «intransigeante sur l'idée qu'elle se faisait de son travail».

H. D. Quigg, un journaliste d'United Press, aujourd'hui à la retraite, était aussi présent à la séance d'habillage chez Brooks Costume. On le voit sur une photo reprise dans *L.A. Style* pour son numéro spécial de février 1988 consacré à Marilyn. L'homme aux lunettes et aux cheveux bruns frisés, qu'on n'avait pas identifié à l'époque, écrivit au journal pour raconter cette journée avec un luxe de détails hauts en couleur:

«... On apprit que la presse aurait une chance d'être admise à l'essayage du costume de cornac de Miss Monroe. En tant qu'expert de la place pour tout ce qui touchait à Todd de près ou de loin, j'y allai. Miss Monroe devait arriver à 10 heures ou 10 heures 30 – trente-trois ans après, je ne m'en souviens plus exactement – mais bien sûr elle ne s'est pas montrée... Le couloir d'accès était bondé de journalistes, principalement de baratineurs de la télé et de machinistes avec leur quincaillerie.

«Vers midi, il devint évident qu'elle ne désirait pas affronter la foule, aussi la presse dut-elle plier bagage. Le propriétaire du magasin fonça droit sur moi et me dit "Revenez donc vers

2 heures". J'ignore pourquoi il me choisit, moi, si ce n'est parce que j'avais l'air calme; en tout cas, je n'avais rien à voir avec cette clique.
«A 14 heures, j'arrivai et le propriétaire était là. Peu après, l'ascenseur s'ouvrit sur Miss Monroe et son impresario, Milton Greene. Sans un mot, nous traversâmes les lieux entre deux rangées de femmes à moitié costumées qui poussaient des "Oh" et des "Ah" au passage de la célébrité, jusqu'à une alcôve qui tenait lieu de salon d'essayage. Alors, avec une promptitude qui me surprit, Miss Monroe se déshabilla entièrement...»
«Comme je ne comprenais pas bien ce que je faisais là, je n'avais rien d'autre à faire que la regarder. Le grain de sa peau s'imprégnait dans ma mémoire, et j'en voyais des étendues infinies... Sur ces entrefaites, la couturière arriva, s'agenouilla, et lui passa le costume. La présence d'un photographe m'avait échappé, mais

je notai qu'il appuyait sur le déclencheur depuis le moment où elle avait commencé à se déshabiller. Elle sourit tout le temps que j'étais là; pas l'ombre d'une larme dans ses yeux...»
Le soir du spectacle, Greene loua la suite Cecil Beaton de l'Ambassador Hotel de New York, où lui-même, Amy et Marilyn purent s'habiller et accueillir une poignée de visiteurs en provenance de la côte Ouest. Michael Todd, toujours généreux avec ses invités, avait fait venir les stars en avion et

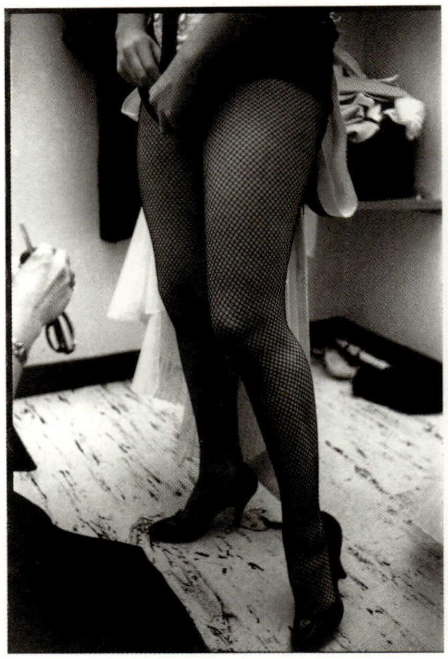

en première classe. Parmi eux figuraient Jeanette MacDonald et Gene Raymond, James Cagney, Red Buttons, Martha Raye, Terry Moore, Julius LaRosa, Sammy Davis Jr., Sonja Henie et Bess Myerson. Amy Greene avait commandé à Norman Norrel la robe de soie noire que Marilyn devait porter jusqu'au Madison Square Garden et pendant les mondanités. C'était la première apparition en public de Marilyn depuis son départ de Los Angeles. Elle faisait date. Le contrat de la Fox interdisait la participation à des spectacles rémunérés, mais les soirées de bienfaisance n'entraient pas dans cette catégorie.
Marilyn se rendit au Garden en voiture avec Shepherd. Son arrivée fit sensation. Elle réussit à se faufiler dans les couloirs de l'éta-

blissement, gagna sa loge et put s'habiller dans un calme relatif. Dans la salle, deux cents photographes s'arrachaient les meilleures places. Lorsque enfin elle entra en scène, Milton Berle, le maître des cérémonies, dut leur demander de s'accroupir pour ne pas gêner les autres spectateurs. « Marilyn Monroe juchée sur un pachyderme peint en rose fut le clou de la soirée, raconte le magazine *Variety*. Malheureusement, les photographes agglutinés autour de la star à demi nue l'empêchaient d'avancer. On put difficilement admirer les charmes de Miss Monroe, mais en définitive la foule ne s'était pas déplacée pour rien ». Les autres stars présentes furent tout au plus citées. La soirée fut un beau succès qui vint à point nommé pour souligner la place de premier plan occupée par Marilyn, dans une industrie établie de l'autre côté du continent.

L'année ne s'était pas écoulée que Milton Greene réussit à renégocier son contrat avec la Fox, obtenant gain de cause sur tous les points essentiels et ouvrant ainsi une brèche définitive dans la mainmise des studios sur leurs « écuries » de stars.

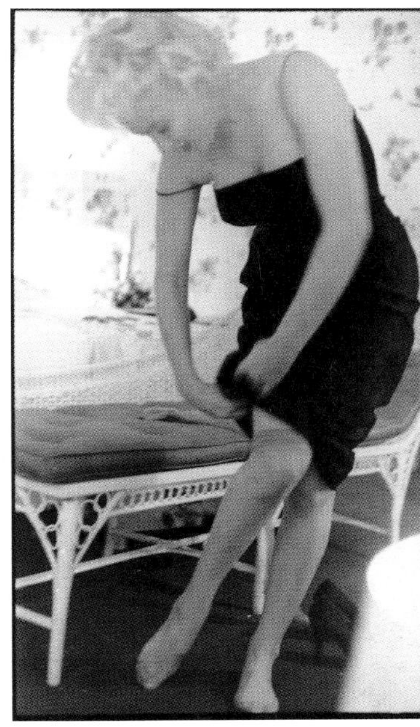

En mai, Marilyn entama une liaison avec Arthur Miller. Ce sera l'histoire d'amour la plus durable de sa vie. Sous la houlette de Strasberg, ses talents d'actrice s'épanouissaient. Au cours des sept années qui lui restaient à vivre, elle joua dans *Bus Stop, Le Prince et la Danseuse, Certains l'aiment chaud, Le Milliardaire* et *Les Désaxés*. Ces rôles lui valurent les louanges de la critique, inimaginables avant son départ de Los Angeles avec Greene. Plus tard, ses liens avec celui-ci tournèrent à l'aigre et se dénouèrent ; sa reconnaissance envers Strasberg fit place à une dépendance névrotique, et son mariage avec Miller ne put résister à ses propres tourments intérieurs. Mais ces photos ont éternisé un moment unique, l'aube de la période la plus faste de sa vie.

Ed Feingersh n'est plus. Milton Greene est mort en 1985, et Marilyn s'en est allée à la fin de 1962. Elle laisse le souvenir d'un être blessé, pathétique, maladivement et désespérément seul, mais aussi celui d'une femme radieuse, fascinante et infiniment désirable.

1

2

3

10

11

14

15

19

20

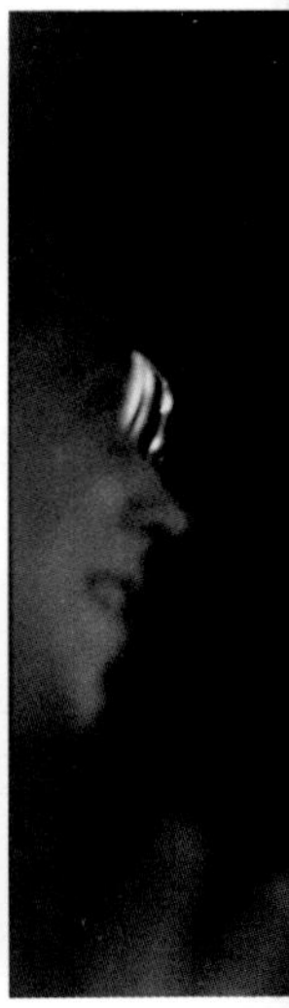

21

3

UPTOWN
LOCAL
GRAND
CENTRAL

UPTOWN
LOCAL
GRAND
CENTRAL

26

New York Post Sports
Robinson Acts Like
He's Just Rarin' to Go

30

31

34

MOTION PICTURE
DAILY
TWA's great new
SUPER-G-CONSTELLATIONS

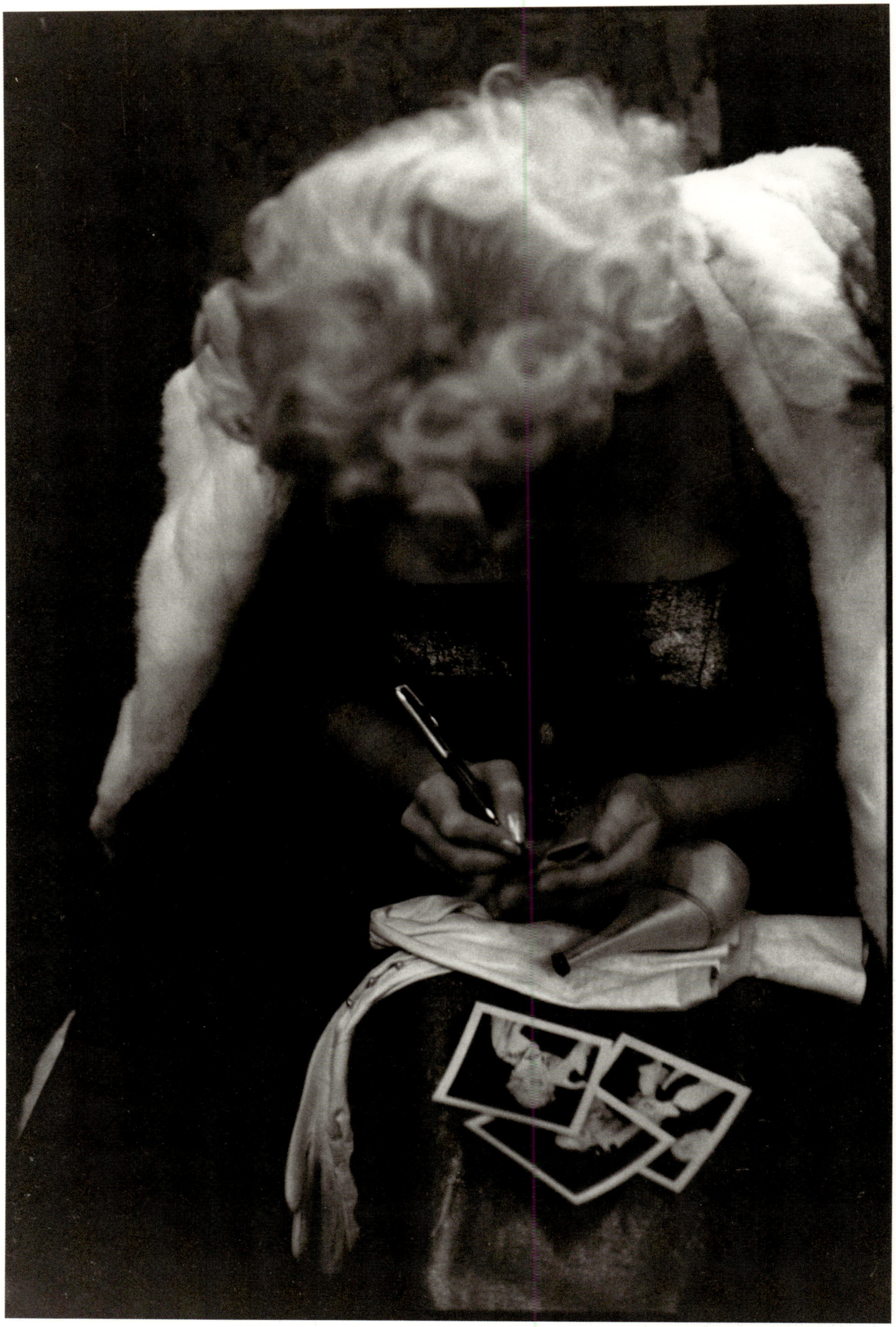

59

LÉGENDES

1
SOIRÉE AU RESTAURANT
EL MORROCCO.

2
SURPLOMBANT MANHATTAN,
MARILYN JETTE UN
REGARD SONGEUR SUR LA VILLE,
OU ELLE VA TENTER UN NOUVEAU DÉPART.

3
DANS SA CHAMBRE A L'HOTEL AMBASSADOR,
ELLE INTERROGE LE MIROIR,
COMPAGNON DE SA VIE.
SOINS ATTENTIFS POUR LA FEMME
LA PLUS DÉSIRÉE AU MONDE...

4 à 7
MARILYN EST PASSÉE MAITRESSE
DANS L'ART DE SÉDUIRE.
POURTANT, SE POUDRER ET SE PARFUMER
SEMBLENT FAIRE NAITRE EN ELLE
UNE JOIE PRESQUE ENFANTINE.

8
A UN JOURNALISTE
QUI LUI DEMANDAIT CE QU'ELLE
METTAIT POUR DORMIR, ELLE RÉPLIQUA :
« CHANEL N° 5 ».

9
MAQUILLÉE, PARFUMÉE, COIFFÉE
ET VÊTUE D'HERMINE,
ELLE S'APPRÊTE A SORTIR.

10 à 14
PREMIÈRE DE
LA CHATTE SUR UN TOIT BRULANT
AU THEATRE MOROSCO.
MÊME AU MILIEU D'UN PARTERRE DE
CÉLÉBRITÉS, ON N'A D'YEUX
QUE POUR MARILYN.

15-16
MARILYN ET MILTON GREENE,
COMPLICES.

17-18
A LA FIN D'UNE LONGUE JOURNÉE,
MOMENT DE DÉTENTE CHEZ COSTELLO
OU MARILYN ADMIRE LES DESSINS
DE JAMES THURBER.

19 à 22
RADIEUSE ET VOLUBILE,
EN ROUTE
POUR LE MADISON SQUARE GARDEN,
EN COMPAGNIE DE DICK SHEPERD.

23 à 29
LE « TOUR DE MÉTRO » DE MARILYN
EST DE LA MISE EN SCÈNE.
EN 1955, SON VISAGE EST
UN DES PLUS CÉLÈBRES DE LA PLANÈTE.
IMPOSSIBLE DE PRENDRE
LES TRANSPORTS EN COMMUN...

30 à 36
MARILYN, NATURELLE,
LAISSE TRANSPARAITRE
UN CHARME PENSIF,
UN PEU MÉLANCOLIQUE.

37
ELLE SUIT ATTENTIVEMENT
L'ACTUALITÉ, OU SES PROPRES DÉMÊLÉS
AVEC LA 20th CENTURY FOX
OCCUPENT UNE PLACE DE CHOIX.

38
DÉCIDÉE A OBTENIR
DES ROLES DIFFÉRENTS,
ELLE SE DOCUMENTE SUR
LE MÉTIER D'ACTEUR.

39-40

AU RESTAURANT.
DANS LE FEU D'UNE DISCUSSION.

41

DISTRIBUTION D'AUTOGRAPHES.

42

ÉCLAT DE RIRE.
C'EST TOUTE LA FÉMINITÉ DE MARILYN
QUI RAYONNE.

43

DE RETOUR A L'HOTEL,
MARILYN S'AMUSE DEVANT
L'OBJECTIF DE FEINGERSH.

44

ESSAYAGE D'UNE ROBE DE SOIRÉE
AVEC L'AIDE D'AMY GREENE,
MANNEQUIN DE HAUTE COUTURE,
LA FEMME DE SON AMI ET ASSOCIÉ
MILTON GREENE.

45 à 48

LEÇON DE SÉDUCTION
EN QUATRE TABLEAUX.

49 à 51

VISAGE DE STAR :
LES LUNETTES NOIRES S'IMPOSENT.

52

FIN DE SOIRÉE,
LA FATIGUE ENVAHIT MARILYN.

53 à 55

MARILYN, ÉBLOUISSANTE, A SON
ARRIVÉE AU MADISON SQUARE GARDEN.

56

CHEZ COSTELLO, ELLE S'OFFRE
LE PLAISIR D'UNE CIGARETTE.

57-58

SÉANCE D'HABILLAGE
CHEZ LE COSTUMIER BROOKS,
POUR LE GALA DU 30 MARS.
FEINGERSH MET A PROFIT
LES JEUX DE MIROIR, ET RÉVÈLE
LES ADMIRATEURS ATTENTIFS A
CHAQUE GESTE DE MARILYN.

59-60

DISCUSSION AUTOUR DU COSTUME.

61

LA SÉANCE D'ESSAYAGE S'ÉTERNISE.
MARILYN EST LASSE.

62

INSTANT DE GAIETÉ CHEZ BROOKS.

63

UN ESSAIM DE PHOTOGRAPHES AU
COMBLE DE L'EXCITATION
AUTOUR DE MARILYN, MONTÉE
SUR UN ÉLÉPHANT PEINT EN ROSE.

64

PRÊTE A PARTIR, ELLE S'ÉLANCE ET
JETTE UN DERNIER REGARD DERRIÈRE ELLE.
BYE BYE NORMA JEAN...

Maquette Benoît Nacci
Assisté d'Isabelle Chemin

Achevé d'imprimer en septembre 1990
en Italie
Photogravure Offset Pub, à Paris.
Composition 5 Off 7, à Paris.

ISBN 2.09.240072.X
N° Éditeur 10000005